CROIX ROUGE FRANÇAISE

CONFÉRENCE

FAITE A LA SÉANCE PUBLIQUE

DE

L'UNION DES FEMMES DE FRANCE

A L'HOTEL-DE-VILLE DE ROUEN

Le 15 Juin 1891

Par M. l'abbé JULIEN LOTH

Chanoine honoraire, Curé de Saint-Maclou

CLERMONT-FERRAND

TYPOGRAPHIE ET LITHOGRAPHIE G. MONT—LOUIS
Rue Barbançon, 2

1892

CONFÉRENCE

FAITE A LA SÉANCE PUBLIQUE

DE

L'UNION DES FEMMES DE FRANCE

A L'HÔTEL-DE-VILLE DE ROUEN

Le 15 Juin 1891

Par M. l'abbé Julien LOTH

Chanoine honoraire, Curé de Saint-Maclou

MESDAMES, MESSIEURS,

Les paroles si bienveillantes que vient de m'adresser le digne Président de cette assemblée me pénètrent de reconnaissance et m'autorisent à lui rendre ici un hommage mérité. Depuis qu'il a été choisi par le Ministre de la Guerre comme Délégué régional du 3e corps d'armée et Secrétaire général de votre Comité, M. de Sapincourt a prouvé qu'il n'était pas seulement l'ingénieur expérimenté qui a assuré à notre dernière Exposition régionale le plus éclatant succès, le professeur et le savant dont on goûte les leçons et les écrits, il s'est révélé comme l'administrateur le plus aimable et le plus habile, et il a su donner à votre Société, déjà si fortement organisée, une impulsion et une prospérité nouvelles.

Il est vrai qu'il a eu le bonheur de vous trouver,

Mesdames, au Conseil d'administration et d'être aidé dans sa tâche par votre admirable dévouement, et aussi par la considération et l'influence dont vous et vos familles jouissez dans notre cité.

Veuillez être remerciées de l'accueil que vous faites à un prêtre qui a passé toute sa vie au milieu de vous et qui, après avoir parlé et écrit pendant trente ans, n'a pas encore, paraît-il, lassé votre patience.

Ce devoir rempli, permettez que ma première pensée et mon premier salut, au début de cette conférence, aillent à l'image de la Croix de mon Maître adoré, teinte de son sang divin, qui réclame pour l'ennemi blessé pitié et charité, et qui est si justement le symbole de votre Société.

C'est une pensée chrétienne, en effet, qui a présidé à la fondation de la *Croix rouge*.

Après les guerres de Crimée et d'Italie, des écrivains et des orateurs de différentes nations réclamèrent énergiquement, au nom de la civilisation chrétienne, la neutralité des blessés en temps de guerre. L'opinion fut assez lente à s'émouvoir, mais une fois formée, elle s'imposa à tous les Gouvernements. Une conférence internationale s'ouvrit à Genève le 20 octobre 1863 et, après de longues et mûres délibérations, elle aboutit à la célèbre convention, signée le 22 août 1864 par tous les délégués et qui devint la loi des Etats civilisés.

On décida de donner pour insigne au personnel sanitaire un brassard blanc avec une croix rouge et de placer cette même croix sur le matériel. Cette croix, par un suprême hommage aux principes et aux sentiments qu'elle a infusés dans l'âme humaine, devait être la sauvegarde de tout ce qui touchait aux blessés et un signe d'inviolabilité.

La France fut la première des nations à adhérer officiellement à la convention de Genève. Dès le 22 septembre 1864, elle rendit publique et définitive sa résolution. Les autres Etats se décidèrent peu à peu à l'imiter : La Prusse en 1865, l'Autriche en 1866, la Russie en 1867. Tous les Etats ont reconnu à l'heure qu'il est les immunités de la *Croix rouge* et en ont fait un point de droit international.

Il me plaît de célébrer cette initiative de la France et le noble exemple qu'elle a donné en cette circonstance, comme toujours, aux autres peuples. C'est son histoire depuis quinze siècles. Ses labeurs magnanimes ont toujours abouti à des services rendus à la civilisation.

Cette grande ancêtre de l'Europe, qui a vu se former l'une après l'autre toutes les nations, a rempli le monde de ses bienfaits. Elle a fait et elle continue de faire par les chefs-d'œuvre de son génie, dans les arts, les lettres, l'éloquence et la poésie, les délices de tous les esprits cultivés. Elle est la reine du goût comme elle est par sa grâce et ses qualités aimables le sourire du monde. Joseph de Maistre a dit qu'elle était son soleil, et je trouve cette grande image vraie dans tous les sens, car la France éclaire, réchauffe, embellit l'humanité et rayonne par ses idées, ses missionnaires, ses sœurs de charité jusqu'aux extrémités du monde. Toutes les misères ont crié vers elle, elle les a secourues avec l'or et les délicatesses de son infatigable charité; tous les peuples en détresse, les petits, les faibles, les opprimés, l'ont appelée à leur aide, et elle a versé son sang pour leur rendre l'indépendance et la liberté. Elle a poussé le dévouement jusqu'à l'oubli de ses propres intérêts; ni les malheurs les plus immérités, ni les plus criantes ingratitudes ne l'ont jamais guérie de sa passion de faire le bien.

Une nation est une âme qui se survit à travers le temps et anime toutes les générations; et comme l'âme de la France est immortelle, nous la retrouvons toujours accueillant, vivifiant tous les progrès.

C'est cette âme généreuse qui vibre dans cette réunion, où des hommes et des femmes, séparés peut-être ailleurs par des opinions et des intérêts différents, viennent confondre leurs efforts et leur dévouement au service de la patrie.

Hélas! les mille voix de la presse se chargent chaque matin de nous rappeler ce qui nous divise, car nous sommes divisés, et c'est le revers de la médaille. Nous ne sommes pas tendres les uns pour les autres et notre caractère s'est singulièrement aigri. Je le comprends, nous avons tant souffert! Vingt ans ont passé sur nos blessures, elles sont toujours saignantes.

L'étranger nous en demande quelquefois la raison. Est-ce que toutes les nations n'ont pas éprouvé des revers? Est-il, de par le monde, un seul drapeau que le soleil de la victoire ait toujours caressé de ses rayons? Ne comptons-nous pas dans nos fastes militaires plus de succès et de triomphes qu'aucun peuple de l'Univers?

Nous avons payé à l'ennemi une rançon de cinq milliards, mais qui s'en aperçoit aujourd'hui? N'est-ce pas à nous que le plus riche royaume du globe, l'Angleterre, vient demander de l'or quand ses caisses sont vides?

D'où vient donc la plaie que nous portons au cœur?

Ah! on a démembré la France de deux de ses provinces, c'est-à-dire qu'on a arraché à une mère deux de ses enfants, et de ce deuil cruel, nulle mère ne se console jamais.

Y a-t-il encore d'autres causes à nos souffrances? Je ne le rechercherai pas. Ce que je veux constater, c'est ce phénomène consolant, qui fait notre force et notre sé= curité.

Quand on veut ramener l'union au sein de ce peuple si divisé, quand on veut faire cesser toutes les discordes, tomber toutes les colères, voir tous les fronts s'illuminer d'espérance, tous les cœurs se rapprocher, il suffit de prononcer un mot : L'armée! Aussitôt tous les Français redeviennent frères.

C'est l'amour de l'armée qui m'a amené ici au milieu de vous, et c'est au nom de l'armée que vous me faites grand accueil, sachant que je lui appartiens toujours comme aumônier en cas de mobilisation.

Pourquoi cet amour de l'armée? Est-ce seulement parce que nous sommes une race militaire? « La France est un soldat, a dit Châteaubriand, sonnez de la trompette, vous la retrouverez à cheval ». Est-ce parce que nous devons à l'armée une large part de nos gloires et de nos splendeurs passées? Est-ce parce qu'elle a conservé nos traditions d'honneur, de loyauté, de bravoure, de désintéressement, de dévouement chevaleresques?

Tout à l'heure, en entendant les brillantes harmonies de la musique militaire, il me semblait qu'un souffle de nos gloires antiques arrivait jusqu'à moi et que la voix des preux qui furent nos pères nous criait : Confiance et courage! Elle était hier à la fête du drapeau de son régiment, cette excellente musique du 28e, et elle célébrait l'anniversaire de Marengo, cette bataille si française perdue à trois heures et gagnée à quatre, sur ce mot du général : « Mes amis, c'est assez reculer, vous savez que j'ai l'habitude de coucher sur le champ de bataille ». Le 28e fut de ceux qui chargèrent en tête à la baionnette les masses autrichiennes, pendant que l'admirable cavalerie de Kellermann les assaillait sur les flancs. Il nous est doux de saluer aussi, avec tous nos concitoyens, le brave régiment que notre ville entoure de tant de sympathies et qui continue si dignement sa noble histoire.

C'est pour tous les souvenirs du passé, c'est pour les services du présent et les espérances de l'avenir, que nous aimons l'armée, mais c'est surtout parce que l'armée, aujourd'hui, c'est la nation elle-même; ce sont vos époux, vos fils, vos frères, Mesdames, la chair de votre chair et les os de vos os.

Comment s'étonner, dès lors, que la pensée soit venue aux femmes de France de s'unir pour préparer et assurer des secours aux blessés et aux malades de l'armée?

Mais c'est le premier de leurs devoirs comme c'est le besoin irrésistible de leur cœur.

Cette assurance mutuelle des épouses, des mères, des filles, des sœurs contre les horribles conséquences de la guerre, est née évidemment d'un élan de charité et de patriotisme, mais elle est née aussi de vos entrailles de femmes et de mères.

Car enfin, il faut voir les choses telles qu'elles sont.

La guerre, si elle éclate jamais, fera d'innombrables victimes. Avec les engins perfectionnés qu'on invente chaque année et qui inonderont les champs de bataille d'un déluge de balles, d'obus et de mitraille, dans cette lutte du fer et du feu contre des poitrines faites de chair et d'os, avec les masses profondes qu'on opposera à l'ennemi, avec l'énergie indomptable, nécessitée par la prochaine guerre qui ne sera plus seulement une lutte pour la victoire, mais une lutte désespérée pour la vie, les morts et les blessés se compteront par centaines de mille.

Les morts, ah! laissez-moi vous le dire, avec ma conviction de prêtre et de théologien, ils iront peupler les Cieux, car ils auront succombé dans l'accomplissement d'un devoir sacré et ils auront expié dans leur sang les fautes de la fragilité humaine. Et tout ce qui restera de cœurs bons et pieux les enseveliront dans les larmes et la prière à l'ombre de la Croix, qui est le grand signe de la résurrection et de la vie.

Mais les blessés, les malades, qui les recueillera, qui les soignera pour les rendre à la société ?

Ah ! sans doute, nous avons dans l'armée une organisation médicale et hospitalière qui a fait depuis longtemps ses preuves de science, de dévouement, d'héroïsme même, et qui, plus puissamment outillée que jamais, sera à la hauteur de sa mission, mais si elle sera suffisante sur les champs de bataille, peut-on dire qu'elle saura atteindre les multitudes d'invalides qu'il faudra évacuer sur les hôpitaux et les villes ?

Une cruelle expérience nous défend cette illusion.

Je ne vais pas recommencer ici les statistiques aujourd'hui dans toutes les mains. Dans la guerre de 1870, on a compté 339,421 soldats malades, 143,066 blessés, 138,871 morts à l'ennemi. Tout le monde sait que nous avons perdu, en 1870, 90,000 hommes de plus que les Allemands par le seul fait des maladies, qu'une organisation plus complète des secours aurait pu éviter, d'après le témoignage du docteur Bouloumié, médecin-major, le Secrétaire si distingué de votre Société.

Le docteur Rochard, membre de l'Académie de Médecine, inspecteur général du service de santé de la marine, disait à l'une de vos réunions : « Pendant notre guerre avec l'Allemagne, nous avons perdu 138,871 hommes, dont 20,000 sont morts en captivité. Cela suppose au moins un million de malades et de blessés, et la guerre n'a duré que six mois. Il est à penser que celles qui pourront surgir un jour ne se termineront pas aussi

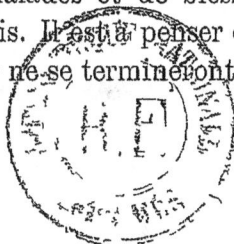

vite, et je ne crois pas exagérer les choses en supposant que dans le cours d'une guerre d'un an de durée, nous aurions à faire face à un chiffre de 1,200,000 à 1,500,000 malades, ce qui suppose la nécessité de disposer de 60,000 à 80,000 lits. »

Les avons-nous tout prêts, avons-nous le personnel nécessaire au service de 1,500,000 malades? Pourrons-nous compter sur les hommes, mais il n'en restera presque plus dans les villes et les villages, et c'est à peine si l'on trouvera encore des bras valides pour faire le pain. Toute la question est là. La France veut la paix et ne la troublera jamais, mais si la guerre doit éclater un jour, on nous prédit que ce sera tout à coup, à l'improviste, comme la foudre dans un ciel serein. Sans doute, l'armée des combattants est prête, mais notre armée de la charité, nos Sociétés hospitalières sont-elles vraiment prêtes ?

Et l'on s'étonne qu'il y ait en France trois Sociétés pour pourvoir à cette tâche immense !

Il y en avait 40 en Allemagne, en 1870, toutes sous la bannière de la *Croix rouge*. Il y en a deux fois plus aujourd'hui.

On se demande pourquoi l'*Union des Femmes de France*, pourquoi l'*Association des Dames françaises*, quand nous possédons la grande *Société française de secours aux Blessés?*

Certes, il faut rendre hommage à la *Société de secours aux Blessés militaires*, qui a précédé les autres, qui a été en 1870 admirable de zèle et de dévouement, qui a à sa tête une des gloires militaires les plus brillantes de la France, un preux des anciens jours, sans peur et sans reproche; il faut proclamer bien haut que cette Société, sans cesse en progrès depuis 20 ans, s'est mise en état, à force de sacrifices et de nobles labeurs, de répondre dignement au but de son institution. Ses ambulances auxiliaires, admirablement organisées et dirigées, compléteront les services hospitaliers de l'armée, ses ressources puissantes lui permettront de transporter sur tous les points du territoire les malades évacués des hôpitaux, et de leur assurer, dans nos villes, des secours abondants.

Mais cette Société si sympathique et si vaillante, dont je m'honore de faire partie, pourra-t-elle pourvoir à toutes les nécessités du moment?

N'y a-t-il pas place, à côté d'elle, pour d'autres Associations qui, se proposant un but plus restreint, pourront par cela même l'atteindre plus sûrement?

Je ne crains pas de le dire, Mesdames et Messieurs, les diverses Sociétés de la *Croix rouge* eussent-elles le même but et les mêmes moyens, qu'il faudrait applaudir à leur existence, car elles entretiennent, dans l'exercice de la bienfaisance et des devoirs patriotiques, cette grande force de l'émulation par où s'accomplissent ici-bas les prodiges de l'initiative et de l'activité humaines.

Qu'on me permette une comparaison tirée d'un ordre d'idées qui m'est familier :

La religion ordonne à tous ses enfants la pratique de la charité et en particulier le soin des malades. Dès son origine, l'Eglise a institué des corporations d'hommes et de femmes qui se vouent spécialement à ce noble ministère. S'est-elle contentée de créer un ordre unique pour desservir les hôpitaux? Vous savez bien qu'elle en a approuvé, au cours des siècles, des centaines qui, sous des costumes et sous des noms différents, portent dans le culte de la souffrance le même zèle et la même tendresse.

« Avant 1789, dit M. Taine, quatorze mille hospitalières, réparties en 420 maisons, veillent dans les hôpitaux, soignent les malades, servent les infirmiers, élè-
vent les enfants trouvés, accueillent les orphelins, les
femmes en couche, les filles repenties. »

Est-ce que ces généreuses auxiliaires de la charité ne
formaient pas, sous la bannière du Christ, des associations et des communautés très distinctes? Elles sont
plus de cent mille aujourd'hui, ces saintes filles, réparties en plus de cinq cents communautés différentes.
Est-ce que les anciens ordres qui, comme les religieuses
Augustines, se succèdent, depuis quinze siècles, au che-
vet des malades dans nos plus vieux hôpitaux, se sont
étonnées de voir les sœurs de Saint-Vincent de Paul,
et à la suite cent ordres nouveaux, rivaliser avec elles
de dévouement dans nos établissements hospitaliers?

Le catholicisme, fondé si fortement dans l'unité, a
voulu la variété dans ses corporations religieuses, afin
de répondre d'abord à tous les besoins, à toutes les pré-
férences des âmes et des siècles, et aussi afin d'entretenir
la sainte et généreuse émulation de la charité.

La patrie n'agit pas autrement en approuvant et en
protégeant les diverses associations qui se donnent la
mission de venir en aide à nos blessés et à nos malades
militaires.

L'*Union des Femmes de France* a toutes les raisons
d'être, de vivre et de prospérer.

Elle reconnaît les mérites et les services des autres
Sociétés, elle cherche à marcher dignement sur leurs
traces. Elle pourrait dire avec notre grand Corneille :

> Je vois d'un œil égal croître le nom d'autrui,
> Et tâche à m'élever aussi haut comme lui.

Si votre Société a borné le champ de son activité, c'est afin d'y concentrer plus efficacement ses efforts. Elle ne crée pas d'ambulances à la suite des armées, elle ne mobilise pas ses secours; les femmes qui la composent ne quittent ni leur ville ni leur foyer, elles préparent chez elles, ou tout près d'elles, des lits pour les blessés et les malades, et un personnel capable de les soigner. Elle préfère, avec raison, les petits centres hospitaliers aux grands, les lits isolés aux agglomérations, car l'expérience a prouvé depuis longtemps que les malades hospitalisés, soumis à l'influence de milieux nécessairement contaminés, guérissent moins vite et moins sûrement que les malades isolés.

Le docteur Lévy l'a dit en connaissance de cause : « Les grands hôpitaux sont les antichambres des cimetières. Un assaut présente moins de danger qu'un grand hôpital : c'est le plus grand des maux qui menace les blessés. »

Le dernier gouverneur des Invalides, le brave général Sumpt, qui perdit les deux mains à la bataille de Sedan, a raconté les détails émouvants de ses blessures. Un obus lui enlève les deux avant-bras. Il appelle des soldats qui passaient : « Asseyez-moi le long de cette haie, face à l'ennemi, dit-il, et laissez-moi. » Les soldats le portent dans une cabane et vont chercher un chirurgien qui panse le blessé et s'enfuit au galop. « On m'oublia, dit-il, trente-six heures, et je ne mourais pas ! J'avais une soif dévorante et des mouches que je ne pouvais chasser avec mes moignons. Enfin on vint me prendre pour me conduire dans une ambulance, aux environs de Sedan, avec six camarades. La pourriture d'hôpital se mit dans nos blessures : mes six compagnons moururent. »

Voilà un fait entre mille qui dépose en faveur des petites agglomérations de malades.

Vous aurez aussi, pour les soigner, des chirurgiens distingués et non des mains novices.

Je me souviens d'avoir entendu un vieil officier, qui avait fait les guerres de l'Empire, raconter qu'après avoir reçu un coup de feu dans la campagne de France, il avait été transporté dans une maison de Laon. Un jeune médecin fut appelé à le soigner. Pendant plusieurs jours il ne fit que sonder et chercher. L'officier qui souffrait beaucoup lui demanda ce qu'il cherchait : « Mais la balle qui vous a blessé. » — « Il fallait le dire plus tôt, repartit l'officier. Je l'ai dans ma poche. »

Le bienfait de votre Société sera donc d'assurer aux blessés et aux malades des médecins savants et dévoués, un asile sain et doux, un lit hospitalier, et les consolations plus hautes de la foi.

L'article 63 de votre règlement est ainsi conçu : « Des ministres des cultes reconnus par l'Etat, spécialement désignés par le Conseil d'administration, assurent aux malades et aux blessés, dans les services hospitaliers de l'Union, les secours de la religion. »

Je m'en tiens à cette assurance loyale, elle explique ici ma présence. Quant aux calomnies, c'est trop déjà d'en parler, elles ne méritent que le dédain.

En vérité, des femmes, des mères qui écarteraient du lit des mourants le dernier rayon d'espérance, les prières qui consolent et purifient, les sacrements qui ouvrent le Ciel ! Qui donc a pu jamais s'arrêter sérieusement à une pareille hypothèse ? Vous la repoussez comme un outrage, et vous avez raison. Nous savons, nous, que vous respecterez en tous et toujours les droits sacrés de la conscience.

Ainsi entendue, quelle belle mission que la vôtre !

A côté de tout soldat frappé par les balles ou torturé par la maladie, vous placez une femme pour le disputer à la mort. O mère, êtres mystérieux et sacrés, choisis par la Providence pour renouveler sans cesse ici-bas les larges ondes de la vie, vous l'avez donnée à vos fils à travers toutes les douleurs et parfois au péril de votre existence, vous saurez mieux que personne la retenir dans la frêle enveloppe des languissants et des mutilés qui vous seront confiés !

C'est pour accomplir plus sûrement votre mission que vous avez organisé des cours où des médecins savants et dévoués de notre ville vous initient à l'art de soigner, de panser, de guérir les malades, car le cœur ne suffit pas dans cette délicate mission d'infirmière, il y faut des connaissances techniques, le tour de main, la pratique.

Mieux que personne aussi vous saurez consoler, car Dieu a mis en vous des trésors de douceur et de persuasion.

Quand le pauvre blessé entendra dans son délire la voix suave de la femme qui cherche à le guérir ou à le soulager, ce sera pour lui comme une céleste illusion : « Est-ce toi, mère, qui reviens à moi et qui prends pitié de ton pauvre enfant? Qu'il m'est doux, ô ma mère, de mourir dans tes bras ! »

Non, ce n'est pas votre mère, pauvre enfant, mais c'est une mère, c'est-à-dire une autre elle-même.

Et combien votre œuvre, Mesdames, favorisera la paix sociale ! Le blessé qui vous sera confié, ce sera peut-être l'un de vos ouvriers. Il verra, ce jeune homme, que toutes ces déclamations par où l'on veut créer un antagonisme funeste entre le patron et l'ouvrier sont démenties par les faits. Votre bonté, votre dévouement,

triompheront dans les cœurs honnêtes, des dissensions
et des conflits qui attristent la fin de ce siècle. Est-ce
que tous nous ne voulons pas passionnément la justice
sociale, l'amélioration progressive de la condition des
ouvriers, le respect de tous les droits et de tous les intérêts? Et quel homme de cœur n'a fait écho, en Europe, à la grande voix de Léon XIII qui a dit le dernier mot, le mot de l'éternelle vérité sur la question
sociale?

Nous ne sommes séparés en France que par des mal-
entendus. On dit que ce sont des abîmes. Des abîmes
qui ont juste la longueur et l'épaisseur d'une feuille de
journal !

On le verra au premier appel de la patrie, au premier
coup de canon : nous serons tous debout, comme des
frères, la main dans la main, pour marcher au drapeau.

Vous serez debout, vous aussi, Mesdames, prêtes à
tous les dévouements, et la France présentera à ce moment le spectacle d'une immense famille, où il n'y aura
plus qu'un cœur et qu'une âme.

Ah! si les femmes de France pouvaient, pendant la
paix, réaliser déjà cette union et amener la réconci-
liation sociale !

Enfants du même pays, le même sang coule dans nos
veines, nous avons souffert les mêmes blessures et versé
les mêmes larmes, nous confondrons un jour nos os dans
le même cimetière, nous n'avons qu'un jour à passer sur
cette terre, et nous ne pourrions pas le passer en paix !...

Qui sait? là où les hommes échouent, où les politiques
se déclarent impuissants, peut-être vous, Mesdames,
pourriez-vous réussir? Si c'est un beau rêve, laissez-le-
moi. Il est digne d'un prêtre, car Dieu abhorre les di-
visions et les querelles, il veut, il bénit dans les familles,

dans les nations, la concorde et l'union, et il a mis à ce prix leur prospérité.

En attendant, Mesdames, l'œuvre charitable et patriotique à laquelle vous vous êtes dévouées a besoin de ressources pour atteindre son but et se développer. Tout à l'heure de nobles mains se tendront pour recevoir nos offrandes. Donnerons-nous en gens de cœur et en patriotes ou en indifférents qu'on importune ? Je ne vous fatiguerai pas de mes prières, je ne vous citerai qu'un fait. A l'heure qu'il est, l'Allemagne a réalisé un trésor de secours qu'on évalue à un capital de plus de cent millions, et elle a préparé un matériel immense. Déjà elle avait en 1870 deux mille Comités en activité, disposant de 70 millions de francs, et de nombreux dépôts d'objets d'ambulance et d'appareils sanitaires.

Nos trois Sociétés réunies n'atteignent pas au tiers du chiffre que je viens de vous citer. Et cependant la France n'a pas coutume de se laisser précéder par personne sur le terrain de la charité. Il y a donc un effort à faire. Donnons l'exemple ce soir et prouvons que, dans cette grande Cité, si intelligente, si riche, si généreuse, on ne parle jamais en vain à la raison et au cœur, au nom de Dieu et de la Patrie.

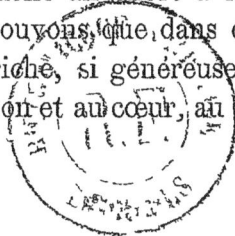

Clermont, typographie et lithographie MONT-LOUIS, rue Barbançon.

www.ingramcontent.com/pod-product-compliance
Lightning Source LLC
Chambersburg PA
CBHW060723280326
41933CB00013B/2538